KB263245

키즈아이콘

키즈아이콘은 아이들의 꿈과
생각을 키우는 신나고 재미있는
책을 만듭니다.

캐릭터 소개

타요
호기심 많고 명랑한
개구쟁이 꼬마 버스

로기
적극적이고 활달한
꼬마 버스

라니
상냥하고 귀여운
애교 만점 꼬마 버스

가니
생각이 깊고
어른스러운 꼬마 버스

하나
고장 난 차를 고치는
쾌활하고 씩씩한
여자 정비사

루키
성실하고 친절한
새내기 교통경찰

프랭크
불이 난 곳이라면
어디든지 출동하는
용감한 소방차

앨리스
아픈 사람을 병원에
데려다 주는 섬세하고
상냥한 구급차

패트
시내를 순찰하며
문제를 해결하는
베테랑 경찰차

맥스
힘이 세고 씩씩한
덤프트럭

포코
큰 삽을 다루는
최고 실력의 굴착기

스피드
스스로 가장 빠른 차라고
생각하는 사고뭉치
스포츠카

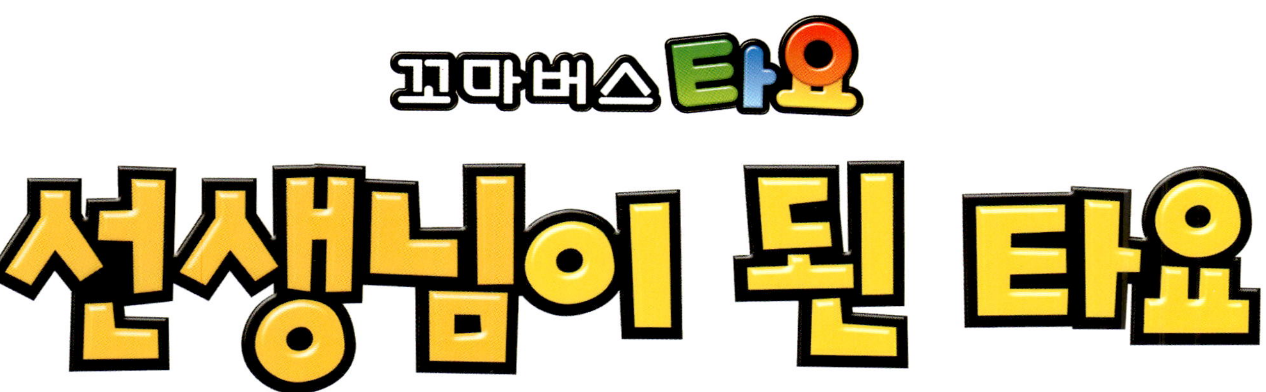

선생님이 된 타요

키즈아이콘

내일은 유치원 아이들에게 여러 종류의 자동차가
하는 일을 알려 주는 수업이 있는 날이에요.

"너희 중에 누가 선생님이 돼서
버스가 하는 일을 알려 줬으면 해."
하나가 꼬마 버스들에게 말했어요.

"내 생각에는 타요가 하루 동안 선생님이 됐으면 하는데, 어때?"

"제가 잘할 수 있을까요?"

"괜찮아, 타요. 너라면 잘할 수 있을 거야."
타요는 친구들의 응원에 용기를 얻어 수업을 하기로 마음먹었어요.

"그럼 한번 해 볼게요!"

다음 날, 다양한 자동차가
수업을 위해 한자리에 모였어요.

"굴착기, 덤프트럭, 구급차, 소방차, 경찰차, 스포츠카, 버스!
선생님, 멋진 자동차가 아주 많아요."
안녕!
120
120
POLICE

먼저 굴착기 포코와 덤프트럭 맥스가
공사하는 모습을 보여 줬어요.
"와, 정말 힘이 세다!"

루키와 패트는 경찰이 하는 일을 보여 줬어요.
"신호 위반을 하면 안 돼!"
"잘못했어요."

소방차 프랭크와 구급차 앨리스의 활약도 이어졌어요.
프랭크는 불꽃이 활활 타오르는 건물에 물을 뿌려 불을 끄고
앨리스는 다친 사람을 태워서 병원으로 갈 준비를 했어요.
"어서 환자를 태워요!"

여러 자동차의 멋진 활약을 지켜본 타요는 몹시 긴장됐어요.
'나도 저렇게 잘할 수 있을까?'

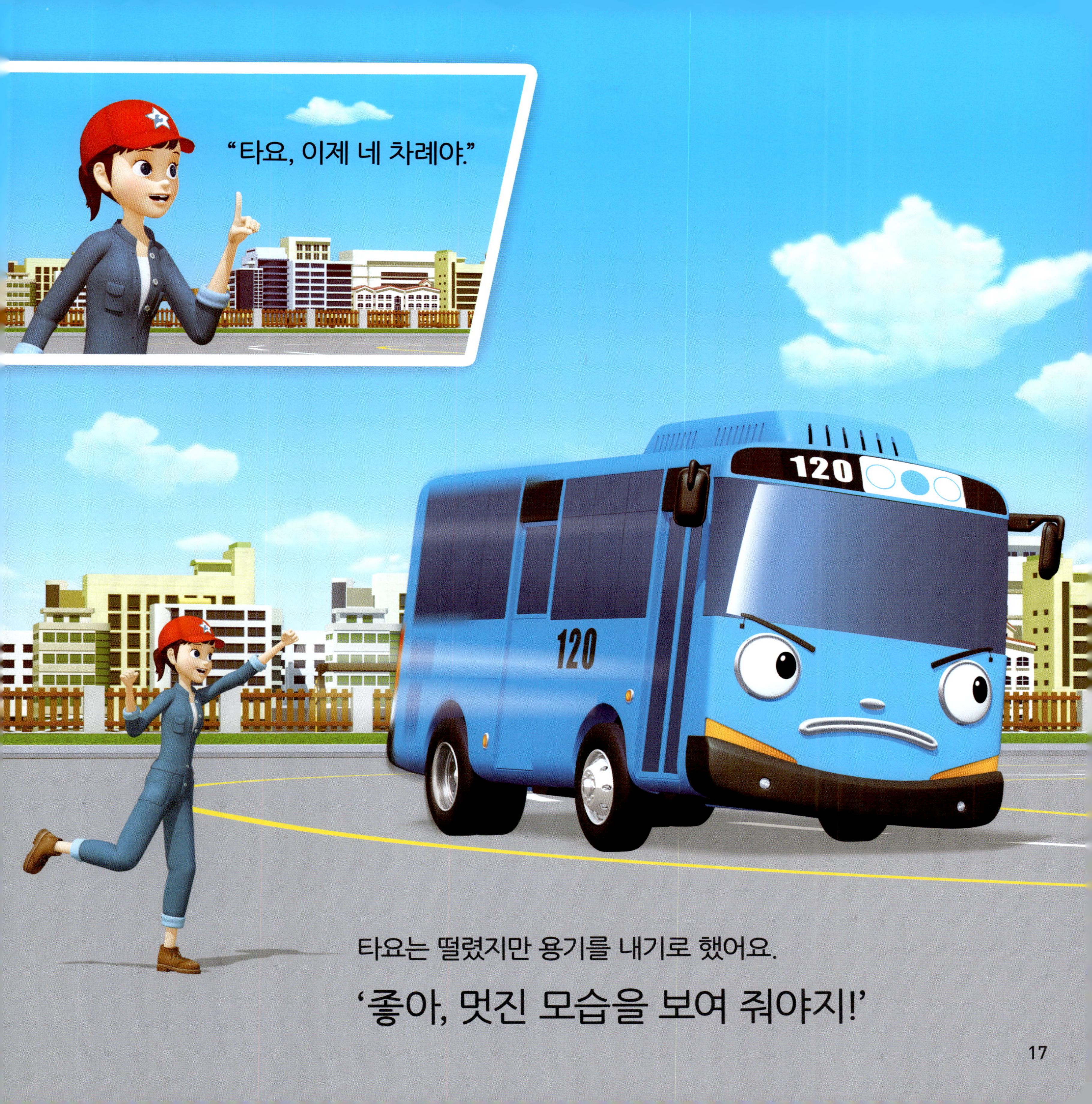

타요는 떨렸지만 용기를 내기로 했어요.

'좋아, 멋진 모습을 보여 줘야지!'

타요는 침착하게 버스가 하는 일을 보여 줬어요.
"어서 오세요."

"뭐야, 하나도 안 멋있어!"

"버스는 재미없어!"

타요는 아이들의 반응에 당황했어요.
"어쩌지? 아이들이 실망했나 봐."

"타요, 정류장을 지나쳤어!"
타요는 결국 실수를 하고 말았어요.

"저렇게 쉬운 것도 못하다니!"
"버스는 너무 시시해!"
타요의 모습을 본 아이들은 큰 소리로 웃었어요.

실수투성이로 수업을 마친 타요는 잔뜩 시무룩해졌어요.
"하나 누나, 저는 패트나 프랭크, 앨리스처럼 멋있지도 않고
중장비들처럼 힘이 세지도 않아요."

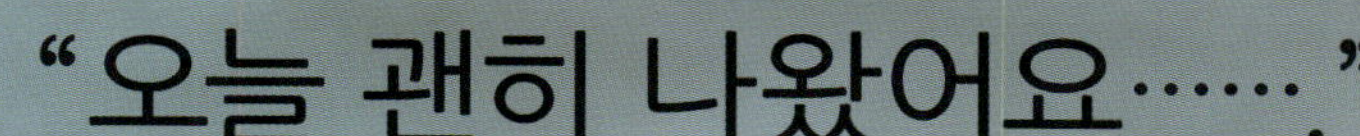

"오늘 괜히 나왔어요……."

"타요……."

"아, 차가워!"

그때, 갑자기 비가 내리기 시작했어요.

"선생님, 차가워요."
"으앙!"

그 모습을 본 하나는 좋은 생각이 떠올랐어요.
"타요, 내 생각에는 네가 아이들을
도와줄 수 있을 것 같은데?"
120

하나의 말에 타요는 용기를 냈어요.
"아이들이 비를 맞지 않도록 제가 태워 줄게요."

아이들을 태운 타요는 세찬 비를 뚫고 유치원으로 열심히 달려갔어요.
"걱정하지 마, 내가 데려다 줄게!"

120
120
TAXI
TAXI

유치원에 무사히 도착한 아이들은 모두 기뻐하며 소리쳤어요.

"고마워, 타요!"
"타요가 최고야!"

아이들이 즐거워하는 모습을 보자
타요의 마음도 뿌듯해졌어요.

"하나 누나, 전 제가 버스라서 정말 좋아요!"

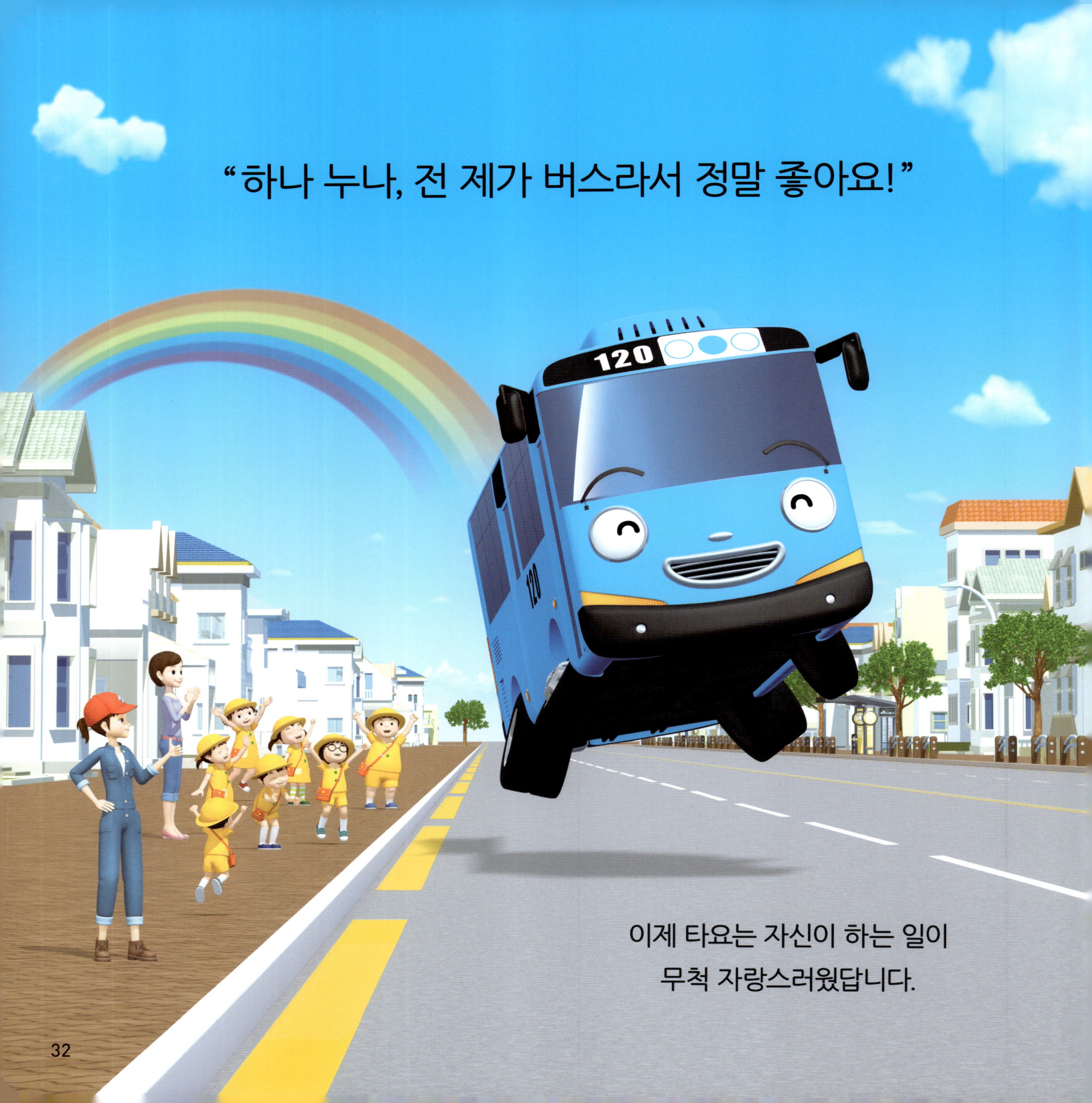

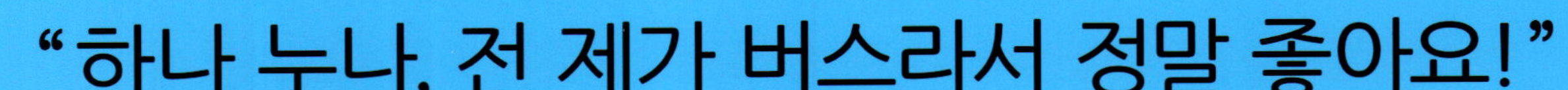

이제 타요는 자신이 하는 일이
무척 자랑스러웠답니다.

선생님이 된 타요

2013년 2월 15일 초판 1쇄 발행 | 2025년 11월 30일 개정판 10쇄 발행

발행인 최종일 **발행처** (주)아이코닉스 **기획** 키즈아이콘
구성책임 이우진 **글** 공병필 **판면기획** 허찬 **그림** (주)스튜디오 게일
총괄책임 서현수 **편집책임** 박정은 **편집** 장보원 조윤수 김예진 이유진 **디자인** 김미선 이순영 권혜원 경희정
제작책임 신초희 **제작관리** 이수란 김미래 김세미 **마케팅책임** 김미경 **마케팅** 이창열 서연지 심동수 이경재 이미나 지승한 송호성 이지연
출판등록 2008년 11월 4일(제 2014-000009호) **주소** 경기도 성남시 분당구 판교로 255번길 64
고객센터 1566-0855 **홈페이지** www.iconix.co.kr
꼬마버스 타요 ⓒICONIX/EBS/Seoul

⚠ 다칠 우려가 있으니 제품을 던지거나 밟지 마십시오.
⚠ 종이에 베이거나 긁히지 않도록 주의하시고, 특히 제품의 모서리에 다치지 않도록 주의하십시오.
※ 이 책은 독점 판권 업체인 (주)아이코닉스에 의해 제작되었으며 무단 전재와 복제를 금합니다.
※ 잘못된 제품은 구입 후 10일 이내 구입처에서 교환하여 드립니다.
※ 제품에 자체 결함이 있을 시 무상 A/S 보증 기간은 구입 후 3개월입니다. 단, 소비자의 부주의로 인한 파손이나 손해는 보상되지 않습니다.
※ 사용 중 분실된 구성품은 별도의 낱개 구입이나 교환이 불가능합니다.